Tadpole Books are published by Jump!, 5357 Penn Avenue South, Minneapolis, MN 55419, www.jumplibrary.com

Editor: Jenna Gleisner **Designer:** Emma Almgren-Bersie **Translator:** Annette Granat

Photo Credits: GlobalP/iStock, cover; Eric Isselee/Shutterstock, 1, 2ml, 2br, 6–7, 10–11; Alla Tsytovich/iStock, 2tl, 12–13; StuPorts/iStock, 2tr, 8–9; Wirestock/iStock, 2mr, 14–15; Girish M P/Shutterstock, 2bl, 4–5; AndreAnita/iStock, 3; Lennjo/Shutterstock, 16.

Library of Congress Cataloging-in-Publication Data is available at www.loc.gov or upon request from the publisher.
ISBN: 979-8-88996-726-2 (hardcover)
ISBN: 979-8-88996-727-9 (paperback)
ISBN: 979-8-88996-728-6 (ebook)

MIS PRIMEROS LIBROS DE ANIMALES

LOS LEONES

por Natalie Deniston

TABLA DE CONTENIDO

PALABRAS A SABER

cachorros

cola

dientes

jugando

melena

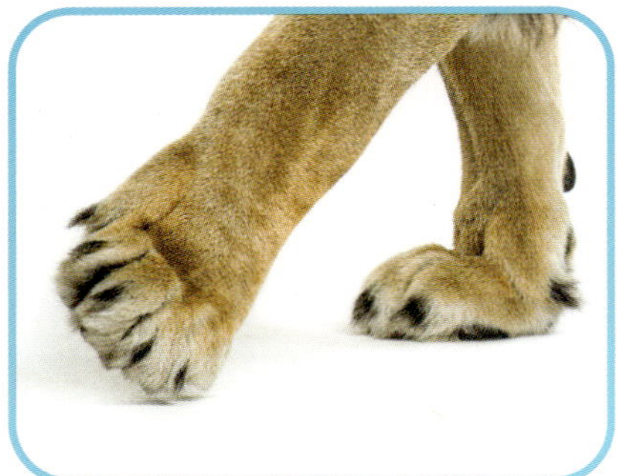

patas

LOS LEONES

Yo veo leones.

melena

Yo veo una melena.

pata

Yo veo patas.

cola

Yo veo una cola.

Yo veo dientes.

Yo veo cachorros.

¡Yo veo cachorros jugando!

¡REPASEMOS!

Los leones machos tienen melenas. Las leonas no las tienen. Los cachorros son leones bebés. Mira los leones abajo. ¿Cuál es cuál?

ÍNDICE